# BEI GRIN MACHT SICH IHR WISSEN BEZAHLT

- Wir veröffentlichen Ihre Hausarbeit,
  Bachelor- und Masterarbeit

- Ihr eigenes eBook und Buch -
  weltweit in allen wichtigen Shops

- Verdienen Sie an jedem Verkauf

## Jetzt bei www.GRIN.com hochladen und kostenlos publizieren

**Bibliografische Information der Deutschen Nationalbibliothek:**

Die Deutsche Bibliothek verzeichnet diese Publikation in der Deutschen National-
bibliografie; detaillierte bibliografische Daten sind im Internet über http://dnb.d-
nb.de/ abrufbar.

**Impressum:**

Copyright © 2016 GRIN Verlag, Open Publishing GmbH
Druck und Bindung: Books on Demand GmbH, Norderstedt Germany
ISBN: 9783668349438

**Dieses Buch bei GRIN:**

http://www.grin.com/de/e-book/344709/naturalismus-und-realismus-gloria-von-
benito-perez-galdos-und-insolacion

Regina Tseytlina

# Naturalismus und Realismus. "Gloria" von Benito Pérez Galdós und "Insolación" von Emilia Pardo Bazón

GRIN Verlag

**GRIN - Your knowledge has value**

Der GRIN Verlag publiziert seit 1998 wissenschaftliche Arbeiten von Studenten, Hochschullehrern und anderen Akademikern als eBook und gedrucktes Buch. Die Verlagswebsite www.grin.com ist die ideale Plattform zur Veröffentlichung von Hausarbeiten, Abschlussarbeiten, wissenschaftlichen Aufsätzen, Dissertationen und Fachbüchern.

**Besuchen Sie uns im Internet:**

http://www.grin.com/

http://www.facebook.com/grincom

http://www.twitter.com/grin_com

Literatura del siglo XIX

Sommersemester 16

**Figurenkonstellation: Naturalismus und Realismus**

Kombi BA Chemie/Spanisch

6. Semester

# Inhalt

# 1. Einleitung

In dieser Hauarbeit werde ich mich mit der Frage beschäftigen, inwiefern sich die Figurencharakteristik im realistischen und im naturalistischen Roman voneinander unterscheiden.dafür werde ich mir eine Textpassage aus dem Werk *„Gloria"* von Perez Galdos Benito und eine aus dem Werk *„Insolación"* Emilia Pardo Bazán genauer ansehen.

## 1.1. Definition von Figur

In der Einleitung werde ich als erstes auf die Definitionen der literarischen Figur und der Figurenkonstellation eingehen.

Eine literarische Figur (personaje) ist eine fiktive Gestalt in einem literarischen Werk, die meistens einen Namen hat oder man diese durch ihre Eigenschaften identifizieren kann. Man unterscheidet auch zwischen Haupt- und Nebenfiguren und Figuren, die nur erwähnt werden, aber an den Handlungen nicht beteiligt sind. Diese fiktiven Gestalten können Namen und Charakteristika realer Personen besitzen. Die literarischen Figuren müssen aber nicht menschlich sein. Manche besitzen auch phantastische Qualitäten. Außerdem sind sie vom Menschenbild und literarischen Konventionen der jeweiligen Zeit geprägt. Das heißt, dass Autoren die Figuren in ihren Werken oft so darstellen, wie sie die die Mitmenschen oder sich selbst sehen. Einer Figur können mentale Zustände, wie Wahrnehmungen, Gedanken, Gefühle, u.s.w zugeschrieben werden. Leser der literarischen Werke können sich so mit den dargestellten Eigenschaften literarischer Figuren identifizieren. ( Martínez/Schefel , 2012,S,144-150)

Figurencharakteristika im Roman werden mit Hilfe der Kategorien der Dramenanalsyse analsysiert. Mithilfe der Analyse kann man das Wesen der vom Schriftsteller ausgedachten Figur, Gründe für das Auftreten der literarischen Figuren und die eigenen Wertungen des Schriftstellers und Lesers plausibel machen. So erreicht man ein besseres Textverständnis und eine vertiefte Interpretation.

Die folgenden Kategorien von Manfred Pfister, die dazu dienen, Figuren aus einem Drama zu charakterisieren, kann man teilweise auch auf die Romananalyse übertragen.

3

Die Figur kann durch ihre äußere Erscheinung, soziale Situation, äußeres Verhalten, Sprache, inneres Verhalten und die Wirkung auf die Gesellschaft charakterisiert werden.

Man unterscheidet zwischen flat und *round character*. Wenn einer Figur wenige Merkmale zuordnet werden, dann spricht man von einem *flat character* und bei vielen Merkmalen von einem *round character. (Pfister , 1977,* S. 258)

## 1.2. Arten von Figurencharakterisierung nach Pfister

Es gibt vier Klassen einer Figurencharakterisierung: explizit-figural, implizit-figural, explizit-auktorial und implizit-auktorial.

Die explizit-figurale ist rein sprachlich. Hier können Eigenkommentare der Figur verwendet werden. Die Figur ist gleichzeitig Subjekt und Objekt. Eigenkommentare können in Form eines Monologes oder Dialoges dargestellt werden. Auch können Fremdkommentare verwendet werden, wobei eine Figur durch eine andere charakterisiert wird. Hier sind Subjekt und Objekt nicht identisch.

Die implizit-figurale ist nicht rein sprachlich, denn hier werden auch das Aussehen, Verhalten und Rahmen der Figur beschrieben.

Bei der explizit-auktorialen Figurencharakterisierung werden Nebentexte (moderne Drama) verwendet, um das Aussehen, Bekleidung, Requisiten der Figur zu beschreiben. Auch können die Stimmqualität, das sprachliche Verhalten, die Mimik, Gestik und die Handlungen der Figur charakterisiert werden. Es werden bei der explizit-auktorialen Figurencharakterisisierung auch sprechende Namen verwendet, wie z.B. Gloria. Der Name bedeutet in Religionen, wie dem Christentum „Paradies" oder Ehre. Diese Namen dienen auch dazu, die Figur zu beschreiben.

Bei der implizit auktorialen Figurencharakterisierung werden *interpretive names* verwendet, die den realistisch plausibel sind, wie z.B. Brand. Der charakterisierende Bezug auf die Figur ist hier implizit. Das Wichtigste bei dieser Charakterisierung sind die Korrespondenz-und Kontrastrelation zu den anderen Figuren. Die Figuren eines Romans unterscheiden sich durch die Gegensätzlichkeit oder Andersartigkeit. Es gibt aber auch Figuren, die einige gemeinsame Eigenschaften besitzen. (Pfister,1977, S.250-264)

Man kann eine einzelne Figur charakterisieren, aber auch mithilfe der Figurenkonstellation beschreiben, wie die literarischen Figuren zueinander gestellt

4

sind und wie sich die Beziehungen zwischen den Figuren innerhalb eines Romans verändern.

Diese Kategorien müssen nicht bei jeder Figur verwirklicht werden, aber es hilft, sie systematisch zu suchen.

## 2. Eigenschaften von Realismus und Naturalismus

Die zu analysierenden Romane „ Gloria" und „Insolación" werden dem Realisimus bzw. dem Naturalismus in der Literatur zugeordnet.

Der Realismus war eine Strömung der europäischen Literatur in den Jahren 1830-1880 und der Naturalismus 1880-1900. Sowohl der Realismus als auch der Naturalismus strebten danach die Wirklichkeit detailgetreu darzustellen.

## 2.1. Realismus

Der Realismus wollte die Objektivität darstellen, aber die Darstellung des Negativen in der Gesellschaft wurde vermieden. Im den literarischen Werken des Realismus waren verschiedene soziale Klassen vertreten, wie das Bürgertum und die Politiker. Im Mittelpunkt waren der einzelne bürgerliche Mensch und seine Auseinandersetzungen mit dem Alltag, der Gesellschaft und sich selbst. Auch wurden der Ort und die Zeit beschrieben, an dem die Handlungen ausgeführt wurden. Die meist behandelten Themen waren die Politik, die Religion, das Proletariat, die ländliche Welt und das Stadtleben. Damit man die Probleme so objektiv wie möglich darstellen konnte, wurde das personale Erzählverhalten gewählt. Der Autor konnte nicht seine eigene Meinung zu der Welt darstellen, da er sonst die Realität subjektiv darstellen würde. Auch gibt es in den Werken eine Moral. Die Sprache der Realisten war einfach genug, um die Probleme der Menschen so einfach wie möglich darzustellen. (Wolfzettel Friedrich ,S. 162, 313/314,369)

Die spanischen Autoren schrieben ihre Werke in einer unpersönlichen Art und Weise, damit die Werke so objektiv wie möglich werden.

Außerdem wurden die Werke der höheren Klassen tragischer dargestellt als die der niedrigeren Klassen, denn da wurden auch lustige Ausdrücke verwendet.

## 2.2. Naturalismus

Der Begriff *„Naturalismus"* wird manchmal   manchmal als   Synonym für *„Realismus"* benutzt, manchmal als Verschärfung und Zuspitzung des „Realismus". Der Unterschied zwischen dem Realismus und dem Naturalismus lag längliche Zeit nicht fest. Die beiden Begriffe wurden erst durch die moderne Literaturwissenschaft getrennt.(Brinkmann , S. 411)

Die Naturalisten waren hauptsächlich pessimistisch und  thematisierten die negativen Seiten des Bürgertums (der einfachen Menschen). Der Naturalismus bildet die Wirklichkeit ab, ohne diese zu verschönern oder zu verändern und  war im Einklang mit der Wissenschaftstradition z.B. Charles Darwins Evolutionstheorie. Man hat gedacht, dass die menschlichen Handlungen vom Schicksal kontrolliert werden. Die Menschen und die Gesellschaft wurden auf biologische und elementare Prozesse reduziert. Man wollte eine möglichst getreue Wiedergabe der Natur durch exakte Beschreibungen. Es wurden Kräfte des Instinkts und des Unbewussten des einfachen Menschen ausgedrückt. Die Themen des Naturalismus waren das Leid, das Wohlfühlen des menschlichen Körpers und die Religion. Man wollte das Elend, den Hunger, die Armut des Menschen und die Traditionen während der Industrialisierung darstellen. Wesentliche Probleme waren die *„Soziale Frage"* und Großstadt. Die Großstadt wurde als Ort des Elends und Schmutzes beschrieben und ein Ort, an dem die Aspekte der Natur verlorengegangen sind. Die literarischen Figuren sind alle in niedrigen sozialen Klassen (Bürgertum und Proletariat). Der Naturalismus basiert auf der Philosophie des Determinismus. Diese Philosophie sagt aus, dass der Mensch durch seine Instinkte und das soziale Umfeld kontrolliert wird.

Die Naturalisten haben eine neue Erzähltechnik entwickelt, den Sekundenstil, mithilfe dessen man eine exakte Beschreibung und Wiedergabe der Wirklichkeit gab. Es wurden deswegen hauptsächlich Dialoge und personale Erzählweisen verwendet. Bei den Dialogen wurden auch Pausen und Dialekte mit eingebracht. Die Erzählzeit und erzählte Zeit haben oft übereingestimmt.

Da die Autoren alles genauso datstellen wollten, wie es wirklich war, haben diese die dialogische Form bevorzugt, da  man in den dialogen die „wirklichen" Gespräche miterleben kann.

Sowohl in den realistischen Werken als auch in den naturalistischen verwendeten die Auoren die Ironie. (spielerische Ausdrücke)

Auch wollten die Autoren in den Werken Sympathie für die Figuren zeigen. Es ist auch wichtig zu betonen, dass die beiden Autoren miteinander befreundet waren und sich beide dafür eingesetzt haben, dass man für Frauen Sympathie entwickelt, da auch Frauen viel Energie haben und viel erreichen können.

Milhilfe dieser Kategorien werde ich die Figuren aus den beiden Textpassagen der Romane *„Insolación. Historia amorosa (1889)"* von Emilia Pardo Bazón und *„Gloria" (1876-1877)* von Benito Pérez Galdós charakterisieren und die Figurenkonstellationen vergleichen um herauszufinden, ob die Figurencharakteristika in den beiden Werken diesen Charakteristika des Realismus und Naturalismus entsprechen oder nicht.

Davor werde ich aber für den besseren Verständnis der Figurenkonstellationen den Inhalt der beiden Werke zusammenfassen.


## 3. Inhaltsangabe von den Werken *„Gloria"* und *„Insolación"*

In dem realistischen Roman *„Insolación"* mit naturalistischen Hintergrund handelt es sich auch um eine Liebesgeschichte. Hier geht um eine Liebesbeziehung zwischen einer jungen, adligen Frau und einem liebenswerten Andalusier in Madrid.

Francisca de Asís de Andrade, eine tadellose Witwe eine hübsche Frau, erzählt in Form eines inneren Monologs von der Liebesbeziehung mit Diego Pacheco, einem Mann aus Cadiz. Don Diego will die Protagonistin mit seiner anda lusischen Sympathie für sich gewinnen und lädt sie zum Volksfest von San Isidro ein. Durch die Hitze beim Volksfest und den Wein beim Picknick bekommt Asis Taboada einen Sonnenstich und Don Diego erreicht sein Ziel. Die beiden verbringen eine Liebesnacht zusammen, nach der die beiden heiraten mussten.

Der Roman *„Gloria"* handelt von den Folgen der Religion, Intoleranz. Die katholische Kirche wird als verständnislos und heuchlerisch dargestellt. Die Hauptfiguren Gloria Lantigua und Daniel Morton dürfen sich aufgrund religiöser Gründe nicht lieben. Auch die Familie von Gloria verurteilt diese Liebesbeziehung. Der Roman wurde im Zeitalter des Realismus verfasst und der Autor hat versucht das Leben der Menschen der jeweilgen Zeit detailliert, aber auch so objektiv wie möglich darzustellen. Die Feminisitin, Emilia Pardo Bazón, kämpfte für die Gleichstellung der Frauen und Männer in der Gesellschaft und beschäftigte sich in ihren Werken gerne mit der Psychologie von Frauen.

## 4. Analyse der Figurenkonstellation von „Gloria" und „Insolación"

### 4.1. Gloria

Im ersten Absatz der Textpassage wird zuerst das Zimmer sehr objektiv (ohne Kommentare des Autors) beschrieben, in dem zwei Personen sind. In dem Zimmer sind viele Bücher, das kann bedeuten, dass in dem Haus viel gelesen wird. Außerdem befinden sich im Zimmer *„láminos de santos, busto de Sumopontífice, cuadro de un obispo, pluma la mano."* Hier kann man vermuten, dass die beiden zusammenhalten und die Familie sehr religiös ist.

Der erste Absatz ist, wie oben erwähnt sehr objektiv geschrieben, denn es wird im Zimmer alles nur so genau wie möglich beschrieben, damit der Leser sich das genau, wie auf einem Gemälde vorstellen kann. Es ist eine explizit-figurale Erzählweise.

Im zweiten Absatz wird der Name von der ersten Person genannt, *„don Juan de Lantigua".* Es ist ein älterer Herr *„mucho más de cincuenta",* der im Stuhl sitzt. Er ist sehr ernst, intelligent, körperlich kaputt, traurig und hasst sich selbst. Hier wird sein Gesicht auch sehr genau wie in einem Gemälde geschrieben. Am Ende von diesem Absatz steht *„cuando le conozcamos mejor, veremos que aquel melancólico sentimiento, que tan claramente salía del hondo a la superficie de su persona"* (Z.19-22) Diese Figurencharakteristik ist explizit-auktorial.

Der Autor will damit höchstwahrscheinlich aussagen, dass man sich das was man beschreiben will, zuerst ganz genau ansehen soll, denn erst dann kann man eine Person/Sache so objektiv/real wie möglich beschreiben. Zuerst sieht man nämlich die oberflächichen Charakteristika und wenn man die Person besser kennt, lernt man ihre tieferen Eigenschaften kennen und erst dann sollte man den Kontrast der oberflächlichen und tieferen Eigenschaften vergleichen.

In den Zeilen 24-25 ist von seiner Tochter die Rede, zu der er ein gutes Verhältnis hat. Seine Tochter, Gloria, wartet ungeduldig auf einen Reisenden und ihr Vater versucht sie aufzumuntern. Das stellt der Autor mit einem Eigenkommentar von dem Vater dar, worauf die Tochter auf diesen Kommentar aber nicht antwortet. Sie geht aber zu ihrem Vater.

Im nächsten Absatz wird Gloria allgemein beschrieben. Sie ist eine junge Frau, die 18 Jahre alt ist. Sie hat eine schöne Figur, ist lebensfroh, energisch, sehr achtsam und wartet auf ihren Besuch.

Dann wird ihr Gesicht, das sehr aussagekräftig ist, sehr detailliert beschrieben. (Z.40-56) Ihr Gesicht ist sehr aussagekräft und man kann sogar die kleinen Fehler bewundern. Ihr Mund ist bisschen größer und ihre Nase bisschen kleiner als normal. Ihre Lippen werden mit einer süßen Frucht verglichen. Ihre schwarzen Augen glänzen und sie hat große Wimpern. Sie sieht sehr ehrlich aus, wie eine Person, die man heilig sprechen kann. (Z.55) Der Autor versucht zwar so objektiv wie möglich zu bleiben, aber gibt trotzdem Kommentare schließen. „Gloria" ist ein explizit-auktorialer Name und der Autor beschreibt sie implizit-auktorial und teilweise explizit-auktorial.

Im folgenden Absatz beschreibt der Autor ihre Kleidung, die zu ihr perfekt passt. „ ningún pormenor de su peinado y de su ropa podía estar de otra manera que como estaba" (Z.59-60) Der Autor charakterisiert Gloria implizit-auktorial. Die Beschreibung der Kleidung ist aber eine oberflächliche Chatakteristik. Für die Beschreibung von Gloria wurden Metaphern verwendet, z.B. „Sus labios encendidos eran la más hermosa y dulce fruta que puede ofrecerse en el árbol de la belleza a los hambrientos antojos del amor." (Z.44-46) Ihre Lippenfarbe hat der Autor mit einer süßen Frucht verwendet.


Im letzten Absatz wird beschrieben wie unruhig und ungeduldig sie auf ihren Besuch wartet, denn sie verschiebt Stühle und schaut sich Bilder an, die sie schon oft gesehen hat.

In dem letzten Satz von dem Absatz wird sie mit einem Vogel verglichen. „Hasta cuando el pájaro anda, se conoce que tiene alas." (Z.68-69) Hier wurde eine Redewendung verwendet. Das kann man so interpretieren, dass solange sie auf ihren Besuch und mit dem Warten nicht aufgibt, ist alles gut. Dieses Zitat symbolisiert die Lebhaftigkeit und das Potenzial von Gloria. Das ist auch implizit-auktoriale Figurencharakteristik.


In dieser Textpassage wird klar, dass dem Autor die junge Frau wichtiger ist als ihr Vater, denn von ihr ist in 4 Absätzen die Rede und von ihrem Vater nur in einem Absatz. Der Autor zeigt große Zuneigung zu Gloria und möchte den Leser auch für sie einnehmen. Aus diesem Grund charakterisiert er sie sehr positiv.

## 4.2. Insolación

Die Textpassage aus dem Werk „ *Insolación"* beginnt mit der bildlichen Beschreibung vom vorübergehenden körperlichen Zustand von Asis, einer schmerzempfindlichen Frau. (Z.1-7) Der Autor beschreibt ihren körperlichen Zustand sehr genau, vor allem geht er auf ihre Kopfschmerzen, ihren Mund und ihre Wangen ein. Es ist eine implizit-auktoriale Figurencharakteristik. In der Zeile 8 wird die Dame als „señora" bezeichnet und sie hat eine Bedienstete. Daraus lässt sich schließen, dass sie eine reiche Dame aus der Oberschicht ist. Der Autor verwendet hier eine explizit-auktoriale Figurenkonstellation. Auch dadurch, dass hier auf die schwache Stimme der Frau eingegangen wird, wird betont, dass sie vorübergehend empfindlich ist. (implizite-auktoriale Figurenkonstellation)

In Zeile 13-14 ist eine Antithese, da sie selbe Person sowohl als *„Diabla",* auch als *„Angela"* bezeichnet wird.   Es ist ein Widerspruch. Da sie aber in der ganzen Textpassage als eine sehr fleißige Person beschrieben wird, kann es sein, dass *„Diabla"* ironisch gemeint ist.

Es ist eine implizit-auktoriale Figurenkonstellation.

Asis bezeichnet ihre Bedienstete als „hija". Daraus lässt sich schließen, dass Angela jünger ist als Asis.

Dann wird wieder auf den gesundheitlichen Zustand in einem Dialog von Angela und Asis eingegangen.

Angela ist sehr fürsorglich, denn sie fragt die Dame, wie es ihr geht und bringt ihr ein Beruhigungstee (Lindenblütentee), da Asis Migräne hat. (implizit-auktorial)

In der Zeile 20 beschreibt der Autor die Bedienstete wieder indirekt als einen guten, fleißigen Menschen mit den Worten *„voy volando".* Das heißt, dass sie ihre Arbeit gut ausführt. (implizit-auktorial)

In der darauffolgenden Zeile wird Asis als „ ama" bezeichnet. Daraus lässt sich interpretieren, dass sie die Herrin im Haus ist und das Sagen hat. Ihr Reichtum wird auch mit ihrer teuren Bettwäsche *„fresco de la batista"* betont. (implizit-auktorial)

In den Zeilen 25-27 ihr geistiger Zustand mit der Metapher *„Casa de Moneda"* veranschaulicht und sie kann sich an nichts erinnern.(explizit-auktorial)

Dann werden Leid des Körpers und des Hirns mit den Problemen einer  Fabrik verglichen. (implizit-auktorial)

Es geht hier vor allem um die Lautstärke in einer Fabrik, da sich in der Fabrik alle Maschinen bewegen und es deswegen sehr laut ist. Es kann sein, dass sich der Autor hier auf die Zeit der Industrialisierung bezieht. Asis wohnt in einer Hauptstadt (Madrid). In einer Großstadt wohnen sehr viele Menschen, die auch immer in Bewegung sind und auch laut sind, genauso wie die lauten Verkehrsmittel.

Im nächsten Abschnitt ist wieder Bezug auf den körperlichen Zustand der Hauptperson, Asis. Ihr köperlicher Zustand ist so schlecht, dass ihr übel und sie müde ist. (implizit-auktorial)

In den Zeilen 56-59 wird mit Fragen betont, dass der körperliche Zustand mit dem vorübergehend seelischen Zustand nicht gleichzusetzen ist. Nach dem Beruhigungstee und dem Schlaf geht es der Hauptperson körperlich besser. (implizit-auktorial)

Am Ende der Textpassage sagt Asis: *„A estas horas debía yo andar por mi tierra".* Es ist ein Eigenkommentar. Sie hat heimweh bekommen und bereut, dass sie nicht in ihrer Heimat, Galizien, ist, da es dort kühler als in Madrid ist und es ihr dort besser gehen würde. (explizit-figural)

Dadurch, dass Asis erzählt, wie sie sich fühlt und was sie sich wünscht, scheint sie eine sehr offene Figur zu sein.


## 5. Zusammenfassung und Fazit

Wie man an beiden Textpassagen sehen kann, haben diese einige Eigenschaften realistischer und naturalistischer Werke, die von mir in der Einleitung vorausgesagt wurden. Es gibt sowohl bemerkenswerte Gemeinsamkeiten als auch Unterschiede.

Die Autoren haben versucht die Figuren so realistisch und detailliert wie möglich darzustellen, genauso wie die Orte, wo sich die Figuren befinden. In dem naturalistischen Werk *„Insolación"* hat Emilia Pardo gezeigt, wie eine Frau mit einem Sonnenstich physisch und psychisch umgeht.

In der Textpassage von *„Gloria"* wird sehr gut dargestellt, wie sehnsüchig ein hübsches junges Mädchen auf einen Mann wartet und ihr Aussehen wird sehr detailliert beschrieben.

Beide Autoren haben die Frauen in den Vordergrund gestellt, nur wurde im naturalistischen Werk mehr auf das körperliche Wohlbefinden und auf Gefühle geachtet, was man bei einem Lebewesen nicht sofort erkennen kann und im realistischen Werk wurden hauptsächlich die oberflächlichen Eigenschaften von Menschen (Aussehen) und Gegenständen beschrieben, die sich im Zimmer befinden.

Asis und ihre Bedienstete kommen nicht aus dem selben Stand. Das erkennt man dadurch, dass die Passagen über Asis tragisch dargestellt worden sind und die Passagen über ihre Bedienstete humorvoll.

Ein weiteres wichtiges Merkmal des Naturalismus ist das Darstellen einer Großstadt als einen Ort des Elends. Das wurde auch hier gezeigt, denn Asis hat den Sonnenstich in der Hauptstadt Madrid bekommen und möchte zurück in ihre Heimat, Galizien (Provinz) .

Dass die Großstadt als Ort des Elends beschrieben wird, ist meiner Meinung nach nicht nur ein Merkmal des Naturalismus, sondern auch des Realismus, da es damals wirklich vielen Menschen so erging, dass diese sich in der Großstadt nicht immer wohlfühlten. Aber viele waren gezwungen in der Großstadt zu wohnen, da es dort aufgrund der Industrialisierung viel Arbeit gab.

Ein wichtiges Thema in der jeweilen Zeit war auch die Religion. Das Thema der Religion stellt besonders in dem Roman „Gloria" großes Problem dar. Im naturalisischen Roman spielt es ebenfalls eine Rolle, allerdings weniger als im realistischen.

Gloria wird besonders am Ende der Textpassage durch die Beschreibung ihres Aussehens sehr positiv dargestellt, damit der Leser Sympathie für das junge Mädchen empfinden kann. Im naturalistischen Werk wird die Bedienstete vom niedrigen Stand ebenfalls als ein sehr fleißiger und freundlicher Mensch dargestellt. Der Unterschied ist hier, dass man über Gloria nicht erfährt, was sie für einen Charakter hat und was sie denkt und die Bedienstete im naturalistischen Roman lernt man durch die Dialoge und Beschreibungen besser kennen. Außerdem scheinen die Figuren in den naturalistischen Werken ihre Gefühle und Wünsche offener zu äußern als in den realistischen.

In der Textpassage von *„Gloria"* gibt es kaum Dialoge, aber in der von Insolación ist sehr dialogische Anteil sehr groß. Durch den dialogischen Anteil und den Pausenerscheint der naturalistische Text realistischer als der von Gloria.

Auch, wo die beiden Frauen nicht miteinander gesprochen haben, hat der Autor darauf geachtet, Hinweise zu geben, wie lange eine Handlung gedauert hat , z.B. *„Un cuarto de hora duró el vuelo de la Diabla."* (Z. 21) Die Erzählzeit und die erzählte Zeit haben sich meistens gedeckt.

Wie man an meiner Zusammenfassung erkennen kann, sind auch in diesen Werken viele charakteristischen Merkmale der naturalistischen und realistischen Literatur enthalten. Im Mittelpunkt des Betrachtens war in beiden Textpassagen die Frauenrolle mit den Beschreibungen wollten die Autoren Sympathie der Leser für die Frauen erreichen. Im Roman von Pérez Galdos Benito wurde aber auch der Vater von Gloria beschrieben, der auch sympathisch dargestellt worden ist. Der Vater ist aber schon alt und hat viel erlebt und Gloria ist noch jung und hat ihr ganzes Leben vor sich.

Im naturalistischen Text wurde dies durch Dialoge und Beschreibungen von Charaktereigenschaften erreicht und im realistischen Text, hauptsächlich durch die Beschreibung des Aussehens. Sowohl Gloria als auch die Bedienstete von Asis sind junge Frauen und haben noch viel Energie und können viel erreichen. Es gibt also trotz der verschiedenen Figurencharakterisierungen nicht nur Unterschiede, sondern auch Gemeinsamkeiten.

# 6.Literaturverzeichnis

Felipe B. Pedraza Jiménez, Milagros Rodríguez Cáceres (1983): Manual de literatura espanola VII Època del Realismo

Matias Martinez, Michael Scheffel (2008): *„Figur"* , In: Einführung in die Erzähltheorie ( 9. Auflage), S. 144-150

Manfred Pfister (2001): *„ Das Drama"* (11. Auflage),Wilhelm Fink Verlag München, S. 250-264

Friedrich Wolfzettel (1999): *„Der spanische Roman von der Aufklärung bis zur frühen Moderne: Nation und Identität",* S.162, S. 313/314, S.369

Brinkmann (1987): *„Begriffbestimmung des literarischen Realismus",* S. 411

Pardo Bazán Emilia (1889): *„Insolación" (Historia amorosa),*Obras completas. Tomo II: novelas Madrid

Pérez Galdos Benito (1877): *„Gloria",* Imprenta de José María Pérez, Madrid